꿈꾸는 기호학

고요아침 운문정신 088

꿈꾸는 기호학

이중원 시조집

고요아침

| 여는 말 |

길목에 잘못 접어든
생각을 한 아름 묶어

시든 꽃 치운 병에
새로 담아둬야지

에일 듯 반짝이는 이슬로
내일이 떨어진다

2025년 11월
이중원

| 차례 |

제2부 가끔 그는 백합을 썰고 있다

제3부 호우주의보에 대한 단상

제4부 다시금, 이 새싹은

제 1 부

열두 개의 계단

마주치다

인생이란 장편서사
밑줄 긋듯 걸어가다가
넘어진 시선 너머
未知로 찍힌 방점
호흡은 평생 같은데
찰나로 지나가는
한 줄

로그오프

매끈한 대리석에 더께 쌓인 시간 위로
달리는 걸음을 박차듯이 뛰어든다
유적지 먼지 냄새에 만취한 여행자처럼

똑같은 말만 하는 기계적인 반복 사이
비슷한 모험을 하는 사람들이 모여서
따다닥 키보드 위로 말발굽 달리는 소리

흉측하게 휘두르는 앞발톱에 부딪히며
고민만큼 깊은 상처 남도록 내지른 순간
까맣게 꺼진 화면에서 배터리가 깜박인다

반듯한 승강장에 늘어진 시간 위로
무수한 걸음에 밀리듯이 들어간다
지하철 안내음 따라 수납되는 부품들처럼

유통기한은 15일

농염한 호박덩이 풍성히 영글어서
하루가 지날 때마다 아껴서 핥아 먹었나
껍질만 버려졌어도 여전히 따스하다

노란빛 한 오라기 섬약하게 결이 풀려
햇살마저 가라앉을 광공해 심해 위에
실밥을 나풀거리며 나부끼는 초승달

추락, 슬로우 모션

빗나간 박음질의 스테이플러 자국들이
인생이란 문서 위에 곰보처럼 남아 있어
제출은 꿈도 못 꾸고 휴지통에 가 꽂힐까

종이 날 닳아지고 뾰족한 귀 접히면서
치이며 밀리다가 마침내 펄럭펄럭
부러진 철심 조각을 가슴팍에 안는다

손때 묻은 지문만큼 꼬깃한 페이지여도
갱지처럼 바래져서 아름다운 이야기들
누구나 단 한 번만큼은 날아오른 찰나의.

고양이과(科)

아무것도 아닌 것처럼 살그머니 엿본다
솜털 마냥 갸름하니 보드랍고 발그란 볼
가까이 닿고 싶지만
다가가면 도망갈까

떨리는 마음에도
이상하게 고요한 손길
잠시 닿은 피부에서
놀란 눈이 마주치고
감연히 풀숲 사이 사라지는
용기(勇氣)라는 저 녀석!

일상에 대하여

비워도 비워도

비운다는 말만은

비우고 나서도

남아 있는 밥풀이다

아무리 닦아내도 꼭 붙어

오늘도 살아진다

설거지 거리가

발생하는 총량은

밥술을 뜰 수 있는

날들의 길이만큼

시간에 떠밀리는 손길로

거칠게 밀어내지

아무리 비워도

비울 수 없는 것

모두를 비워도

마지막까지 남는 것

그릇에 눌러붙은 밥알처럼

꼭 잡고 있어야 하는 것

네모의 둥근 커피

찻잔에 각져서
떨어지는 일상이
설탕으로 잘게 깔려
잠결과 부딪히고
피로를 곱게 구워서
시작으로 내린 아침

마주한 어떤 것도
돌아선 얼음이야
깨물면 꺼슬하게
부서지는 생각이
녹다 만 큰따옴표에
이유로 달라붙어

돌아선 어떤 것은
마주한 크림이야
달콤한 기억대로
시계를 접어도
뒤로는 날릴 수 없는

외방향 종이비행기

가뭇없는 바늘의
기억을 볶아내어
공허란 두 글자를
급박으로 고쳐 쓰고
오늘도 찻잔 안에서
초침을 기다린다

천체관측

모래알이 물결 따라 춤추며 흩어지고
새하얗게 물든 향기 곳곳에 영글어서
마주할 눈동자 없이 떨어져 땅을 적신다

구름 너머 날아가는 불꽃이 궁금해서
벌건 숨을 몰아쉬며 쫓아간 아이들이
조그만 새끼손가락 걸고서 속삭인 말들

타오르는 두 손으로 세상을 껴안고도
네가 있는 그곳까진 닿을 수 없는 걸까
그리운 손짓 하나만 가슴에 박혀 빛난다

삶: 가속도에 관한 공식

시간의 열차는
잠시 멈출 뿐이고
두 사람의 수다는
잠시 그칠 뿐이고
간밤에 타고 갈 막차는
잠시 끊길 뿐이다

느린 발이 발자취에
따라잡힐 때마다
눈앞을 떠다니는
언어의 부스러기
혼자서 해동된 이야기
다시 얼며 헐떡인다

시간의 열차는
달려갈 뿐이고
기억은 고장 나
질주할 뿐이고
생각이 타고 갈 첫차는
탈선할 뿐이다

서울 하늘

타게도 타지 않게도
만들 수 없는 글자들

아픔을 채 삼킬 수 없이
구름에 묻어두어

가을은 항상 종종걸음
눈물로 떨어진다

바람의 선율 따라
미끌어 미끄러져

흐르다 흐느끼는
이슬방울 굴러가

끝없이 추락하다가
오늘과 부딪힌다

타들어 가 재로 남아도
알 수 없는 글자들

파랗게 부서질 너를
감히 뭐라 부를까

정오가 나직이 흐른다
천 개의 굴절이다

역전 효과

1. 산사나무

결말이
온점으로
까맣게
시들고

봄날이
만개하여
독백처럼
떨어져도

아직도
새로운 복선을
꿈꾸는
꽃가루

2. 죄

없을수록 좋지만
없을 수는 없나봐

마음이 변하여
미움이 되기까지

어째서
필요한 획은
오로지
하나일까

3. 화해

나약한 마음이라
ㄴ자로 휘어진다

도피도
투쟁도
않는 것은
안는 것이다

글자가
끊어진 사이
악수로
몸을 잇지

희망

슈크림빵 안에는
구름이 들어있다
희뿌연 글자들이
하얗게 부풀어서
의미로 굳어지기 전
사그러져 녹는다

입술로 지우면서
다시 쓰는 글쓰기
빈자리엔
이름이 없어
그래도
물음밖에
한없이 희어져서도
한 음절로 남는 것

바람의 도시

1. 참회
발갛게 물든 하루 캔버스 끝자락에서
그림자처럼 기울어지는 거리의 집과 책들
생활도 무릎 꿇고서 참회록을 쓰는 밤

2. 안식과 창작 사이
애써 잊는다지만
그냥 쉽게 닫힌 책장
기나긴 말줄임표 같은 문턱에 걸터앉아
저 아래
미처 닿지 않는 발 마음껏 흔든다

3. 불면
몽롱한 가로등 아래 산책하는 도시인들
파도의 마루와 골 어지럼증에 깊어지다
불면의 어느 순간부터 푸른 바람 불고 있다

스쳐 지난 것의 증언록

거울을 보면서
거울처럼 말하지
어쩌면 너란 단어
너와 매우 닮았어
너라는 사람을 만든
불분명한 교집합

바삭하게 밟히는
낙엽의 발언권은
그것의 허리가
부러지는 순간인가
스스로 말하기 위해
가을은 추락한다

거울을 보면서
가을처럼 말하지
어쩌면 너란 단어
나와 매우 닮았어
너라는 사람이 있어
나를 만든 합집합

꿈꾸는 기호학

새파란 별빛은
차게 식은
언어의 선로

글자들을 태우며
기관차는 달려가고

생각이 화로 한가득
증기로 끓어가지

시간을 앞질러
쏘아지는 불빛 너머

말할 줄 모르는 나는
오늘도 무임승차

밤이슬 궤적을 따라
하늘로 걸어간다

새벽이 하얗게 죽고
박동 없는 기관실

닿을 수 없는 거리에
자신을 던져넣어

심장은 죽어서야 비로소
이름을 가진다

불타는 노을은
휘어지는
사유의 노정

꺾어져도 날아갈
변속기가 필요해

세상이 말소리로 피어난
그곳은 꿈의 종착역

띄어 쓰는 사이에서

감정의 이음매를
잇다 만 단어처럼
너와 나 사이에는
빈 칸이 남아 있어
떨어진 자음과 모음
침묵으로 밟힌다

방울져 흐르는 말
허공에서 마르는데
점점이 흐르는 물
강가에 가 닿으니
끊길 듯 불완전한 채
완전한 사잇소리

버스가 왔다

손가에 와 닿으며
온기로 피어나고
거리를 걸으면서
친구로 머무는 너
카페란 요람에서 태어나
누군가의 수분이 되지

찰랑이는 목소리로
글자를 대신하고
묻어나는 잠결을
새까맣게 씻기다
정거장 버스가 오자
텅 빈 채로 남는다

팔리지 않은 행복의
정지선 너머에서
두고간 채 남는 나와
남겨진 채 지나간 너
시간은 반짝일수록
과속으로 멀어진다

열두 개의 계단

1. 여우비

눈부신 햇살이 저편에서 태어나
구름을 건너서 이곳으로 다가와
한줄기 추락하다가 옷깃에 스민다

시계바늘 걸어간 거리만큼 멀어져
어딘가의 태양이 내리 앉은 노정에
붐비는 길에 멈춰선 따스한 실루엣처럼

활짝 웃음이 피어난 너를 마주보고
웃음만큼 새하얀 너의 도시를 바라본다
여기는 비가
뚝
뚝,
　　뚝
후두 둑
떨어지고 있어

2. 밤

새까맣게 타다 남은 바람이 내리는 날
녹다 만 달에 발 담그고 누워보니
매화 끝 작은 불씨가 봄을 불러 모으네

햇살의 노래는 검은 강보에 싸여 잠들고
노란 손 별무리 현을 타고 휘어지니
호숫가 총총거리며 흩어지는 콧노래 소리

3. 동전의 반대편에서

달이 실오라기 몸을 구름 뒤로 숨겼다. 어둠으로 물드는 거리의 한복판에서 유일한 대화라고는 오가는 자동차 소리. 완만한 오르막길 따라 띄엄띄엄 가로등이, 그 길 따라 어둑한 그림자가 걸어간다. 청년은 한참 올라가 걸음을 멈추었다

멈칫, 그는 늘어선 가게들을 바라보았다. 그의 시선은 달을 향할는지도 모른다. 뒤로는 저 아래까지 뻗어 있는 가로등의 물결. 마치 자신을 위한 축제의 불길 같고 무한한 가능성의 활주로 같았는데, 밟는 건 침묵만 아니라 자신의 꿈이구나

4. 시계

한 걸음을 걸었다, 숨소리가 가쁘다
열두 번의 호흡 속에 마주한 그 얼굴이
저만치 변함없는 쇳소리로 멀어져간다.

째깍째깍 다가오는 누군가의 기억처럼
낙인찍힌 오늘을 어제처럼 살아가니
모두가
　앞에서 → 뒤로
흔들리는 소리뿐이야

시멘트 더미에서 철제 뼈 발라내듯
홀로 앉은 방안이 두부처럼 무너질 때
귓가의 알람 소리가 새벽을 깨우고 있다

5. 궤적

어둠이 걸어간 발자취를 따라서
창문턱 커튼을 밀어내는 햇살에
종이를 한 장 꺼내어 세 글자 나란히 쓴다

거울 앞에 분주한 시간을 지나서
아차 시계를 바라보니 이제는 달릴 시간
오늘도 어제와 같이 웃으며 "다녀올게요"

강의실에 내려놓은 서적을 집어들고
친구들과 어울려서 이야기 나누다가
어느새 저무는 길을 돌아온 하루의 끝

6. 음영, Side:B

새벽이 지나간 발걸음을 거쳐서
유리창 너머로 밀려오는 햇볕에
종이를 한 장 꺼내어 세 글자 나란히 쓴다

내 일상이 숨 쉬는 곁에 잠시 너를 세워둔다.
문이 닫히는 틈새에 머무는 시선 따라
오늘도 그 자리에 있어 슬픈 너의 그림자

7. 못 부친 편지

빛줄기가 휘어지다 부러진 끝자락에
바람이 맴돌며 별들을 예고한다
아직도 거리 너머에 아이들 뛰노는 소리

분홍으로 곱게 물든 수풀들 너머로
하늘은 차갑게 푸르기만 하구나
햇볕이 아직 이렇게 거리를 적시는데

오늘 나는 네 이름을 적어보고 있었어
내게 알려준 주소로 보낼 수 있을까
그곳은,
편지가 가기엔
　　펵
　　　　머나
　　　　　　　　　　　　　　　　　　　　멀어서.

8. 거울 너머에

북적이는 소리들은 걸음 따라 멀어지고
스크린이 비추는 디지털의 문자는
엎치락 뒤치락하며 앞으로 나아간다.

상자를 여는 데 필요한 정답은
한없이 날카로운 몇 마디 유리조각
모두가 바라지 않아 말없이 던져버렸어

둘 사이로 흐르는 침묵의 강을 지나서
시계바늘과
옷자락,
뒷모습만이……
눈물
머금은
차가운 햇살 가득히 거리 위로 흩뿌려지네

9. 말의 사이

손만을 잡은 채
미처 한 마디 하지 못했다
모르길 바라
네 그림자를 따라 던진

ㅏ ㅎ
ㅇ ㄴ ㅏ
ㅅ ㅏ
ㅣ
ㄹ ㅏ
ㅂ
ㄷ

그리워
그릴 수 없는 사이에
해선 안 될 말.

10. 찰나(刹那)

두 사람은 오래도록 아무 말도 하지 않았다. 둘 사이에는 서너 명이 앉을 수 있을 것처럼 한없이 널찍했지만 아무도 앉지 않았다. 뜨거운 공기가 차갑게 식다가, 햇살을 받아 데워지기를 반복할 무렵이었다. 침묵이 영원히 지속할 듯 생각되는 시간에.

한참을 지났을까, 그가 말했다.

"괜찮아?"

그녀는 그의 눈을 잠시 바라보며 말했다.

"응."

따스히 닿는 손을 느끼며 말을 이었다.

"이제 괜찮아."

11. 만나다, 종착역에서

햇살이 명멸하는 도시의 끝자락에서
아이들이 뛰노는 소리마저 나지막이
선선히 찾아든 밤에 고달픈 발을 담근다.

가로등 불빛마저 저 멀리 볼 수 없는
부엉이 우는 소리 들리는 수풀 가운데서
누워서 마주 본 별이 쏟아지듯 흐드러진 밤

아무도 찾지 않는 다락방 한가운데
다정히 서 있는 두 사람의 사진처럼
아직도 그 자리에서 은은히 빛난다

12. 이별

서툰 만큼 아름다운 어린 날의 불길은
자신을 태우고 번져가는 불씨들
터지듯 흐드러지는 한 줄기 폭죽이다

빗줄기 가닥이 흐느끼는 날이면
잠자는 꽃잎에 이슬을 드리워
화려한 봄날의 햇살 한 아름 담아갈래

이 마음에 고이 담은 한 마디 짧은 문장
한 톨씩 흩뿌려서 네게 닿게 할 거야
오로지 둘이 간직한 그날의 약속처럼

제2부

가끔 그는 백합을 썰고 있다

동전

작고 낡은 동전 하나 길 따라 데구르르
물에 취한 뙤약볕이 사람들 목을 죄니
누구도 잡는 이 없이 경쾌히 튀어오른다

살아야 하는 이유로 불의와 타협한 삶
두 손 받아 무릎 꿇어도 씻지 못할 죄가 있어
서른 냥 팔아버린 목숨에 차고 희게 짤랑거린다

어딘가로 굴러가든 결국은 내리막길
멈추거나 구르는 것, 그 너머를 갈구하여
오늘도 하늘을 향해 쏘아진 발돋움이다

세일즈맨 성공기

진열대 고리 따라 대열 맞춰 밀려가다
전동차 정지음으로 휘어지는 인파 사이
물관부 볼트만한 창에 시선을 조인다

각자의 배송지로 빠르게 도착하려
경주용 레일처럼 달리듯 걸어가서
개찰구 태그를 찍는다 휴식은 벌써 매진

몽당연필 한 자루만한 하늘색 창공 따라
청운의 꿈 한 토막을 잘라 넣고 대량생산,
여행용 묶음상품에 한 움큼씩 끼워팔까

폭설

잿빛의 경계선으로 하늘에 빗금치고
눈보라의 레미콘이 도로를 포장한다
올해도 보도 공사중 파고 덮고 다시 파고

아이젠과 소금 없이 어른은 진입 불가
하얗게 앳된 숨의 아이들만 달려나가고
결빙된 이면도로는 하루 종일 교통대란

위기탈출 안전앱도 맨홀 속으로 빠지고
갓길 걸어 난간 잡고 버텨서는 겨울 복판
굴삭기 성에꽃 상처, 은빛으로 고요하다

그 쇠공이 구르는 법

스무 년 치 스스로를
양손으로 모아잡고
굽힌 허리 교육처럼
뻗은 팔은 계획대로
완벽한 스트라이크,
알람에 꿈을 깬다

'이미'란 한 마디에
발끝이 걸려서는
일상은 공중묘기
데굴데굴 굴러가기
저만치 멀어져만 가는 볼링핀을 쫓아서

희망이 무첨가된
4분기 점수판에도
잘 닦인 소개서를
온 힘껏 굴려 보냈어
트랙에 닿기 직전을
반짝이기 위하여

취업준비생 K씨의 하루

백지수표 한 장 찢어
오늘도 출근 연습
캔커피가 땡그르르
구르는 자판기
짤막한 휴식의 동전은
지난날로 떨어진다

한 해 동안 날려 보내도
묵묵부답 지원서들
내게 주어진 하늘은
높고도 비좁아서
힘내란 한 마디조차
이제는 눈물 시려

마음의 투입구에
가득 쌓인 불량주화
잔돈처럼 남은 시간
시 한 편 구입하면
분류기 차르랑, 울리며
하루가 지나간다

우산은 쓰지 않을 거예요

오늘의 감정에도
빗금을 그었어
말 없는 말로
허기진 배를 채웠어
재처럼 떠도는 너는
독백과 같은 사랑

잘게 찢긴 침묵 사이
분주한 광고 소리
하늘이 갈라져서
부산히 떨어져도
이곳은 교차로에 핀
한 평의 작은 사막

누룽지 이야기

바닥에 눌어붙어
까매진 비명들은
새로 온 주걱으로
벅벅 긁어버려도
좀처럼 떨어지지 않는
밥솥 안의 거주민

닳은 곳 광도 내고
구멍을 메워봐도
반으로 갈라져서
땜질할 수는 없는 역사
균열이 입 벌린 틈새로
쌀알이 떨어진다

무너진 구멍들을
꽉 눌려서 막아온 生
긁는 대신 물 붓는 건
타버린 청춘들을 위해.
아잇적 앳된 미소가
불어서 떨어진다

끈끈이주걱 키우기

총명한 눈을 하고
수업을 듣던 소년은
학교 문을 넘어서
회사에 들어섰다
한밤에 터뜨린 폭죽처럼
반짝이는 젊음으로

비지땀을 흘리며
볼트를 조여 매다
아웃소싱이란 이름의
탐욕스런 정글 속에
처절히 얽매인 채로
불꽃이 죽어간다

오늘도 사람들은
서로 손가락질만
나와 가족만 아니면
나만 아니면 된다며
'나'마저 게걸스럽게
먹어치우고 자란 꽃

고통이 닿지 않는
스크린도어 너머
교양 있는 식인식물처럼
의자에 기대앉아
휴대폰 자판 위에서 손만 바쁜
정의로움

누구나 뉘일 곳은 있다

여리한 줄기에도
잎사귀는 팔을 뻗고
아무리 작은 꽃도
향기로울 자유 있어
각자의 푸른 텃밭을
꿈꾸며 살아가지

종종걸음 내딛으며
햇살은 피어나고
가벼운 산보처럼
달빛이 만개해도
불모의 가시밭길에
한 걸음이 힘든 젊음

도로에 있는 것은
어디든 통하는 길
도시에 없는 것은
누구나 지나갈 문
새싹이 스러진 무덤에
아스팔트가 깔린다

녹색불이 켜졌어요

바로 뒤에 닥쳐오는 빨간 등에 떠밀려서
벨트도 매지 못하고 비좁은 틈새 사이
위태한 곡예라는 걸 알면서도 달리는 것

잠깐은 자동차를 길가에 세워두고
지는 낙엽 바라보며 심호흡하고 싶어도
디지털 시계의 숫자 따라가기 바쁜 것

늘 시간에 빚을 지고 앞만 보고 달려가다
바로 옆의 소중한 것 다 놓치고 마는 것
달리는 차량들만 있다, 인생이란 길 위에는

반송된 편지: --에게

땀방울에 젖다시피 달리는 꼬마에게
미래에서 온 성적표란 얼마나 가혹한가
어른은 아이를 지키려 사실들을 숨긴다

거짓말의 무게처럼 이별은 낭떠러지
오지 않을 날을 두고 걱정하지 말라는 말
마음의 공터를 향해서, 메아리로 돌아와

아쉬운 발걸음을 돌아서면 잊혀질까
머뭇거린 손끝에서 온기가 아른한데
이제는 닿을 수 없어 쓰다 마는 한 통의

항우울제 한 알, 1일 1회 복용

빌려온 잠결에 숨어
어제 안에 머무르고

마음의 천정 우에
호롱불 걸어두어

꿈으로 적신 붓을 들어
세상을 색칠한다

물고기 길들이기

생동하는 고기떼
천체의 회전 같이
자유로이 휘돌며
천연히 반짝인다
저인망 철장 속에서
별빛이 수북하다

철로는 검은 수평선
해구를 더듬는다
파닥이는 아가미는
문지방에 난 자국
심해의 초롱아귀 따라
가라앉을 피로다

호흡 같은 꿈들이
햇살에 반짝이다
물거품으로 터져
심해에 침잠해도
산호의 거친 가지라도
딛고 가야 할 자맥질

코 없는 그물처럼
안내음이 둘러싸고
열린 입을 따라서
방출되는 물고기들
열차가 뱉어놓은 자리에
직립보행을 흉내 낸다

일상은 때로 달콤하다

오늘자 업무량도
카카오 100%
비지땀 쓰디쓰다
생크림 한 스푼만
저녁을 충분히 젓기 전에
설탕은 아직 금물

빽빽한 지하철의
먹다 만 하루 위에
달달한 갈빛으로
탐스럽게 장식할까
쓴 만큼 달아질 테니
휘적휘적 걷는다

벌칙 맛 사건 가득
진열대 사이에서
초콜릿 포장지 바스락거리는 소리
어릴 적 천연한 미소처럼
하얗게,
반짝 하고.

아니요 영수증은 됐습니다

단어의 부스러기가 식탁에 가득했기에
갓 내온 생각들은 테이크 아웃으로
휴대폰 줄을 따라서
달랑달랑 툭 떨어져

글자들의 레시피를 펼치는 순간에만
갑자기 튀어나오는 지식이란 녀석이
사람들 그림자 사이에서 당신을 쳐다본다

침잠하는 커피잔에 생각을 한 스푼 타서
은빛의 청진기로 햇살을 휘휘 젓는다
어젯밤 사왔던 행복은
글쎄 얼마짜리였더라

가끔 그는 백합을 썰고 있다

바삭하게 구워진 한 점의 햇살에
구름이 토해낸 서리가 알알이 박혀
텅 빈 손 추위만 움켜잡는 빈자들의 만찬

고드름만 주워 먹고
또다시 던져질 시간
헐벗은 몸뚱이가
얼음 위를 구르는 동안
쇠보다 무정한 손이
살점을 발라낸다

잘게 토막 난 햇살
비스듬히 눕는 자리
가난한 마음이
넝마처럼 포개진다
새하얀 뻬대를 하고
겨울에도 꽃이 핀다

제3부

호우주의보에 대한 단상

불면증

새빨간 사과에서 심장을 깎아내도
사과는 붉게 뛰는 심장이 될 수 없는데
더 이상 멈출 수 없는
외길의 조각칼

가끔은 액자에서 사진이 빠지지 않는다

검은 머리 몸뚱이를
두 손으로 감싸안고
슬픔의 지문처럼
기억이 타들어간다
잿빛의 서류심사는
눈 감은 듯 어둡다

꿰매둬도 풀린 실아
하늘로 날아올라라
내 상처는 도져가도
너만은 자유로우니
도장은 가슴 속 여권에
火印으로 찍힌다

안녕

긁어대던 손마디는
범죄를 구상한다
딱지인 줄 알았는데
부스럼인 줄 알았는데
피부의 안쪽이란 걸
모르쇠의 알리바이

뾰족한 손톱에겐
피해자가 곧 가해자
적수를 노려보며
물어뜯는 그 목덜미
자신의 살결이란 걸
왜 모른단 말이냐

일상이란 글자를 완성하기

악몽을 쪼아먹고
새벽이 눈을 떴어
오늘도 아니었어
내일도 아니겠지
꿈에서 깨어나지 않을
꿈 같은 이야기는

언어의 틈새로
슬픔이 새어나와
동사를 빼버리고
수식어로 밀봉하기
아마도, 가장 모호한,
문자들의, 모음집

웃는 낯을 둘러쓰고
걸어가는 고요 위에
탈을 닮은 아침이
솜털처럼 피어난다
새싹이 번져가듯이
말할 말을 지닌다

사랑 한 개비

빨긋한 입술은
폐를 태우는 황홀경

꽁초까지 태운 만큼
맞닿은 살결조차

'우리'란 곽이 빌 때는
연기 냄새만 남는걸

즈려밟은 네 한숨은
잿가루처럼
어둡다

새 포장을 뜯는 기분은
한 대 빼물 쯤 날아가도

그 모두 연료로 삼아
태워내는 이 불씨

나를 만나다

닳아져서 둥글해진 층계를 올라간다
포근하게 안겨오는 뿌옇한 공기마저
차디찬 손 끝 너머에 닿을 듯 멀어진다

비바람이 작은 가슴 두드려 치는 날도
매몰차게 말도 없이 돌아선 뒷모습만
잡으려 잡히지 않는 그림자가 무성했다

새파랗게 맑은 하늘 아리게 빛난 때도
우연하게 마주쳐도 모른 척 지나가며
막연히 부끄러워서 손 한번 뻗지 못하고

걸음만큼 깎여나가 둥글게 닳았으니
떨어져 간 조각들이 틈새를 메우겠지
시간의 강물 사이에 나누는 악수 뜨겁다

여름나기

방울져 흘러내려 녹아내린 몸뚱이가
냉장고 안에서 서서히 내가 된다
창고란 라벨 뒤편에 기다림처럼 붙어서

손목을 만들어낸 공정을 따라서
초코칩 모양의 새 머리가 심겨도
마음은 빚을 수 없는 기계들의 반복음

새 세상 멋진 말은 포장지로 구겨지고
깨무는 너에게 겨울이 번져올 때
비로소 녹다 만 몸이 수식어를 가진다

호우주의보에 대한 단상

하늘이 녹아내려
방울로 떨어진다
낡고 이 빠진 빈 병의
바닥에 닿는 순간
세상의 모든 화음으로
비산하는 빗소리

안개 진 저 너머는
닿을 수 없이 머나멀고
어릴 적 만난 듯
한없이 가까워서
설렘은 샛푸름으로
천연하게 빛난다

병에 고인 물줄기
파문으로 노래하며
비내음이 찾아낸
기억 속 선율에서
빗소리 찰방거리는 소리
아이가 뛴다 흰 종아리

풍경이 일그러져
줄지어 미끄러진다
폭풍우 속 이 세상은
물로 지은 대극장
빗물을 인화액 삼아
기억을 현상한다

망원경을 가늠하기

물 먹는 솜처럼
계획은 부어있고
할 일을 부목 삼아
오늘도 살아갈 일
꿈과의 거리는 항상
눈동자의 뒤이다

석양이 시드는 궤적을 따라서
포말로 흩어지는 수식어를 털어내고
아무리
뒤집어봐도
그림자는
반대편

피로를 적립해서
새까만 세계여행
언제고 감길 듯이
박동져 깜박이는
삶과의 거리는 항상
눈동자 그 자체다

문명이라는 수레

하늘에 매달렸던 작은 빛 내려와서
부딪치는 부시 사이 불꽃으로 피어나니
추위에 바르르 떨던 손아귀 풀어놓는다

번개와 우레에 때로는 숨죽이며
날카로운 발톱들과 번뜩이는 눈을 피해
이정표 희미한 달빛 따라 걷던 그림자

온 천지에 닿을 만치 환한 불 피우고도
마음 깊이 채울 수 없는 허기가 남아 있어
그보다 더 큰 지식을 찾아 여기저기 헤맨다

녹아내린 이야기로 빚어낸 철로 따라
눈부시게 번쩍이는 재의 구름 피어나리
한순간 모두 사라질 너 욕망의 바퀴여

양자물리학적 양자대면

내게는 아직 없다 네게 있는 그 온기가
담장의 안마루는 따스하고 보드란데
바깥에 내딛는 순간 산술되는 온도차

내게는 아직 없다 네게 있는 그 밝기가
껍질의 안쪽에서 만발한 별의 화원
부서진 전구 너머가 텅 비어서 어둡다

내게는 아직 없다 네게 있는 그 절반이
살라먹는 불꽃처럼 춤추는 묘기행진
까맣게 타오르는 건 일상인가 나인가

내게는 아직 있다 네게 없는 그 절반이
마음의 정원에서 포근함을 뿌리친 채
자신을 태워서라도 밝히려 한 그림자가.

별빛 배달부

도시의 가로등은
횡으로 벤 밤의 비명
목적지를 향해서
오늘분이 배송되지
머리에 채 닿기 전에
녹아버린 솜사탕처럼

이름은 바꿔도
내용은 바뀌지 않아
하루가 여전히
한숨만큼 무거운
너에겐 희망 한 소쿰도
너무나 비싼 사치

헐거운 나사처럼
심장이 흔들리고
이가 빠진 빗자루지만
꿈을 주고 싶다며
저 멀리 떨어지는 별을
움켜쥐는 고된 손

1804번 열차

뜨거운 숨 터질 듯이 가쁘게 내뱉으며
새빨갛게 익어버린 팔뚝은 쉴 새 없이
불길의 혓바닥 위에 시름을 태워넣는다

노릇하게 구워지는 회색의 휘파람이
강철로 된 입안에서 맴돌아 피어난다
벌겋게 세상을 향해 휘어진 활시위 소리

이 세상의 중심부를 관통해 달릴 시간
둥그렇게 떨어대는 바퀴의 기지개에
기다란 쇠막대들이 번갈아 발을 맞춘다

날아가는 쇳내음아 이 땀을 식혀다오
알아줄 이 없다 해도 철마 되어 달려가리
벅차게 타는 심장이 철로 따라 끓어오른다

* 1804년은 비운의 발명가 리처드 트레비식이 증기 기관차의 첫 시운전에 성공한 해이다.

Net

손대면 녹아들 듯
투명한 무도회장
끝없는 평면도의
세상을 난반사해
평행한 시선마저도
직선으로 닿는다

마음이 절뚝여야
보고픈 게 생기는가
맥박이 튀는 선에
심장을 찔려서
하늘의 샹들리에처럼
낯선 동경이 반짝인다

손대면 차가운 벽
허공에의 낭떠러지
문을 열어 문 너머
자신만을 발견해도
굴절된 몸을 껴안고
빛을 좇을 그림자

제4부

다시금, 이 새싹은

엄마와 새싹

불긋한 물감으로 노을 지는 화폭을 따라
노릇하게 영글은 늦깎이 햇살이
아이의 머리맡에서 노곤하게 잠든다

시린 이빨 들이대도 등허리로 막아서서
상처를 잔뜩 입어도 아가에겐 웃는 낯빛
고되어 짓무른 손끝이 더없이 따스하다

어둠 너머 아직 피지 않는 봄을 기다리는
뜨거운 박동과 고사리 같은 손……
이제 막 피어나는 봄을 품속 꼬옥 안는다

흑백사진

바람이 바스락 부서지며 밟히고
얼어가는 입김만이 새하얀 밤거리에
가로등 긴 그림자는 눈만 깜박거린다

인형을 동동 띄운 어항이 넘어지듯
산 것처럼 죽어 있는 오늘을 찍던 날들
작은 점 수백만 화소가 암실처럼 막막하던

조리개와 셔터막이 빠르게 반응해도
누구나 안 잊히는 순간들이 남아 있지
바래져 묻혀져가도 형형한 눈빛처럼

흰 구름 그때처럼 가로등에 걸리고
노출이 부족해도 은은한 이야기들
역광의 시간을 건너 발자국이 선명하다

가족

하늘을 걸어둔 고무줄이 끊어지고
먹구름처럼 깔린 먼지가
녹아내린다
꽃병에
파도치는 몇 마디 말만 남았다

새하얀 입김이
소복이 쌓이고
지나간 시간이
뽀도독 밟히던 날
'마주한 두 손에 잡은 풍선은
어디로 갔을까……'

그들만이 텅 빈 병에
물을 뿌려 주겠지만
지고 난 후에야
보이는 꽃인 것을.
오늘도 거품 하나에
줄이 매달려 날아간다

소나기

간밤에는 그림자가 한가득 들이쳤다
우울은 창문틀에 먹선처럼 매달리고
이불 위 얼굴없는 말이 손도장을 찍는다

햇살은 제멋대로 지붕을 말리는데
젖어버린 마음에는 볕조차 들지 않는다
손끝만 와서 닿아도 구멍이 날 종이처럼

마주한 손에 너무 자주 물린 사람들
뜯긴 곳을 기우지도 못하는 인형처럼
오늘도 그치지 않는 소나기를 맞는다

소멸

1.
빨긋한 입매로 수더분히 떠들며
떡볶이 한 컵이면 더없이 따스했던 곳
인터넷 지도 위에서 텅 빈 채 깜박거린다

2.
창백한 표정처럼 을씨년한 침상 위로
애써 참는 눈물처럼 떨어지는 링거액
아이의 앙다문 입술이 아빠를 꼭 빼닮았다

3.
창공을 박차고 날아가는 날갯짓 소리
화석처럼 굳어버린 껍질만 남았다가
백악기 바닥에 떨어져서 소리 없이 스며든다

레시피에 스스로를 넣지 말아야 하는 이유

무엇을 준비해도
가루처럼 고와져서
양념으로 뿌려지니
잘 만든 비극이다
지옥 뿐 갈 길이 없다면
이 스튜를 맛보라

한 수저도 무거운 情
슬픔만 5리터라니
검게 타는 가슴 속에
생명이 얼어가는데
어쩌면 향기로울까 이리,
방울지는 너의 연민

반숙

삶은
삶은 채여도
태어나길
꿈꾸나봐

껍질째
익어버린
달걀의
품에서

아침이
우는 소리로
병아리
깨어난다

이맘때 태양에는 추가 근무 수당이 없다

깊은 밤 짧은 수면으로
졸린 눈 비비는 그대
오늘은 내게 다가와 무엇이라 불렀나
자신을 하루만치 태워도
철근 같은 어둠만

가책의 목줄 끈과
두려움의 채찍질로
하루라는 우마차는
언덕을 또 하나 넘고
까맣게 타버린 시야는
재갈로 돌아온다

누군가에게 다가가서
미래가 되어준 너는
내일이면 돌아와서
족쇄로 잠겨질까
스스로 남김없이 태워도
자신만 밝아질 뿐

하늘이 파란 이유

따스한 그림자에
시가 익어갈 무렵,
마음이 고개 숙여
노을로 떨어졌다
때가 탄 소맷부리가
포근한 너의 햇살

푸르다고 믿었던
우리들의 하늘은
상상의 액자 안에
언제나 갇혀 있어
뒷굽이 말줄임표로
찍히는 침묵처럼

쇠로 된 수풀이
하늘을 집어삼켜
새까만 별과 달만
반짝이는 세상에도
오늘도 누군가 있어
파란 물감을 엎지른다

악기가 무르익다

손가락이 숨을 쉬자
살아 움직이는 음표

가을의 현에 대고
하루를 튕겨내면

잎사귀 솎아내는 소리
보드라니 잠긴다

파란 잉크 주식회사

새초롬한 잎사귀에 햇살이 내리쬐어도
버스가 남기고 간 잿빛의 연기만이
망막에 재고가 남은 유일한 색채일까

발 아래 선이 있고 내 뒤로 줄이 있다
느려지는 발자국을 억지로 잡아끌어
통근의 컨베이어에 실려가는 유리병

모래알 흐르듯이 부서지는 빛줄기가
정류장 팻말 옆의 풀 허리에 한껏 고여
메마른 마개 틈새에 떨어지는 오전 10시

빵, 하는 경적음에 뜬 눈이 부시도록
생생하게 흔들리는 푸릇한 잡초들만,
염가에 세일 중인 창공, 한없이 싱그럽다

청춘

발밑 없는 낭떠러지

예정 없는 달음박질

연료 부족 경고등이

점멸하는 궤적 너머

창공을

꿰뚫고 가야만 하는

종이비행기의 첫 비행(非行)

다시금, 이 새싹은

갓 자란 머리털이 한 올씩 솟아나고
종종걸음 내달리듯 새순이 감아도는데
똑 닮아 초롱한 눈빛의 번져가는 이슬이

어찌 너는 그리 밝을 수 있었을까
움트듯 파릇하게 태어난 작은 램프
우리가 만든 세상은 검은 상자 같아서

차가운 빗살 너머 새어나온 마지막 숨
침묵하며 죽어야 할 어른이란 잔인한 이름
산 듯이 죽은 자에게 봄날 아직 있는가

어찌 너는 그리 푸를 수가 있을까
무거운 신발굽이 매 호흡을 가늠해도
시멘트 바닥을 뚫고 피어나온 작은 손

여백을 그리기

흰 입김 봉화처럼
오르는 눈보라
귀마개 입마개가
한파로 침묵하고
세상은
하얀 까막눈
더듬듯이 걷는다

어스름 내리까는
너는 하얀 그림자
발자취 눈도 감추고
자신만 보게 하지
푸근한 너의 품에서
말이 얼어 떨어진다

팽그르르 돌면서
추락하는 자화상
고민처럼 쌓이다가
결단으로 굳어지지

캄캄한
강물 사이로
하얗게 난 생각의 길

겨울의 노래

서글한 눈망울
방울 같은 슬픔 안에

저무는 그림자를
나란히 포개두니

고요히 녹아내리는
한여름의 정적이다

깊숙이 잠길수록
부푸는 물거품이

터질 것만 같아
언젠가의 희망처럼

마지막 남아 있는 기포를
물고기는 흩날린다

가림막에 마스크도
못 가리는 당신 표정

그날도 비눗방울처럼
익살맞게 번져 나왔지

아직도 갈 곳 모르는 손이
두 줄 키트만 꾹 쥔다

따순 봄이 오려면
아직도 먼 빙판 위

얼어붙은 바람 소리
온몸으로 녹이고

몇 마디 고드름 같은 말
불씨로 묻어둔다

여우비

각진 하늘

깨진 모서리

점점이 새어나오면

정오마저 베어내는

샛푸름이 몰려오고

시침이 애써 눌러둔 날의

시계 밖을 범람한다

마음의 도서관

당신이 머문 글자들에
나란히 머물다가
잡힐 길 없는 시간의
귀퉁이를 접어두어
오래된 인사말처럼
기억에도 손때가 탄다

형식상의 미학과 탈피의 자유 사이
둘 간의 선택은

우리의 ____다

| 시작노트 |

열두 개의 계단에 더해

2010년 마지막 교양 강의의 어느 교수님께서 각자에게 의미 있는 창작물을 제출하라고 하셨다. 국문학과에서는 학부 논문으로 졸업하기에 졸업 작품집 같은 것을 따로 묶지 못한 게 못내 아쉬웠던 나는 학교에 다니며 생각했던 구상을 소시집의 형태로 제출했다. 그것을 계속 다듬어 언젠가는 나만의 작은 시집을 내겠다고 생각했던 것이 이 모든 일의 시작이었다.

시간이 참으로 빠르게 흘렀다. 한참 부족하여 기존의 시인들과 연구자들의 무등에 올라서도 여전히 미력하나, 더는 지체할 수 없이 정지(停止) 작업으로서 이 시집과 「열두 개의 계단」 연작을 괴어두고자 한다. 파격 그 자체로서의 형식 실험보다는 시조 장르를 가능하게 하는 형식과 그것의 자유로운 확장성으로 생각이 기울었으나, 쓰면서 그리고 살면서 배우다 보면 또 어떤 굴곡이 나의 생각을 바꿔놓을지 알 수 없다.

패기가 넘치는 "닫는 말"의 문구 또한 소시집의 마지막으로 작성된 것인데 그대로 수록하였다.

| 해설 |

열두 계단에서 돌아보는 사랑과 희망의 역설

유성호

문학평론가 · 한양대 교수

1. 심층적 전언으로 현대성 요구에 응답한 결실

이중원의 첫 시조집 『꿈꾸는 기호학』(고요아침, 2025)은 살아온 시간에 대한 섬세한 고백, 시조 장르 자체에 대한 근본적 사유, 생에 대한 내밀하고 치열한 탐구가 두루 결속하여 빚어낸 자기 자신과의 대화록(對話錄)이다. 그 안에는 시인 자신의 내면적 고투를 동반한 성장과 상실, 사랑과 이별의 음역(音域)이 충일하고도 복합적으로 담겨 있다. 지나온 날들의 성장통(痛)이 들어 있고 삶을 향한 성숙한 시선과 필치가 '시인 이중원'의 각별한 가능성을 암시하고 있다. 그 점에서 이번 첫 시조집은 시인 스스로 돌아보는 통증의 기억, 어둑한 상황과 그럼에도 어김없이 돋아나는 희망의 역설을 구현하고 있다. 이중원은 시조에서의 현대성이 무엇인가를 고민하면서 이러한 주제군(群)을 형상적으로 육화해간다.

이중원의 시조는 정형의 토대 위에서 개성적인 전언과 형태를

건네고 있다는 점에서 그만의 현대성을 품고 있는 세계이다. 우리 시조시단에서 매우 귀한 목소리가 아닐 수 없다. 그의 시조는 어두한 내면이 기대고 있는 과거를 현재형으로 탈환하고 복원하는 방식으로, 다가올 미래를 암시하는 방향으로 한 걸음씩 나아간다. 이때 시인은 세계를 한편 받아들이고 한편 비판하면서 자신의 현실과 지향 사이에 존재하는 불화를 끊임없이 환기하고 있다. 그 점에서 이중원의 시조는 세계와 내면의 불화 양상을 시인의 의지로 견뎌내고 마침내 심층적 전언으로 현대성 요구에 응답한 결실이라고 할 수 있을 것이다. 기억 속에 존재하는 강렬한 빛으로 생을 되쏘는 존재자를 자임하면서, 단순한 과거 기억에 머물지 않고 삶 가운데 존재하는 보편적 원리에 대한 믿음을 열어가고 있기 때문이다.

2. 서사적 온축 과정이 담긴 단시조 미학

먼저 이중원의 몇몇 단시조 작품을 읽어보자. 알다시피 단시조는 삶의 이법이나 원리를 직관하는 순간성을 내장한 양식이다. 물론 단시조에 삶의 미세한 결이나 실감이 모두 다 담기는 것은 불가능한 일이다. 그러나 작은 그릇에 담긴 충만한 정서와 사유가 오히려 삶의 에너지를 충일하게 품을지도 모르므로 우리는 단시조야말로 시조 미학의 새로운 감각을 만들어내는 종요로운 역할을 할 것이라고 기대하게 된다. 그만큼 우리는 단시조가 가진 특유의 압축적 표현을 통해 삶의 서사적 계기들을 품으면서 구현하는 함축적 형상을 만나보게 된다. 이제 우리는 이중원의 짧고 강렬한 언어에 실린 함축적 정서와 사유를 통해 가장 정

제된 정형 미학의 위의(威儀)를 경험할 수 있을 것이다. 다음 작품들을 먼저 읽어보자.

인생이란 장편서사
밑줄 긋듯 걸어가다가
넘어진 시선 너머
未知로 찍힌 방점
호흡은 평생 같은데
찰나로 지나가는
한 줄

—「마주치다」 전문

당신이 머문 글자들에
나란히 머물다가
잡힐 길 없는 시간의
귀퉁이를 접어두어
오래된 인사말처럼
기억에도 손때가 탄다

—「마음의 도서관」 전문

이 두 작품은 '인생'과 '마음'이라는 가장 고전적인 서정적 테마를 불러왔다. 앞의 작품 첫 행 "인생이란 장편서사"는 중의적 해석이 가능한 표현이다. "인생은 장편서사"라는 뜻과 "인생이라는 장편서사"라는 뜻을 모두 품고 있기 때문이다. 물론 양자 사이에 커다란 의미론적 차이가 발생하지는 않지만, 그래도 앞의 해석이면 독립적 행 처리를 한 것이고 뒤의 해석이면 1행이 2행

'걸어가다가'의 목적어가 된다. 여하튼 시인은 인생을 '장편서사'라고 여기면서 밑줄 긋듯 걸었지만 시선 너머로 보이는 "未知로 찍힌 방점"이 시인으로 하여금 인생을 "찰나로 지나가는/한 줄"로 마주치게끔 해주었다고 고백한다. 장편서사를 한 줄로 만들어내는 장르가 '단시조'라면 이 작품은 어쩌면 단시조 자체에 대한 일종의 메타시가 되어주기도 할 것이다. 그런가 하면 뒤의 작품에서 시인은 '마음의 도서관'이라는 비유를 통해 "당신이 머문 글자들"을 불러온다. 그 글자들에 나란히 머물다가, 잡힐 길 없는 시간의 귀퉁이를 접어두었지만, 이제 그 글자들은 '당신'을 향한 인사말처럼 기억에 손때를 묻힌 채 오랜 시간을 흘러왔다. 시인은 '마음'을 '도서관'으로 은유함으로써 '글자들'과 '귀퉁이를 접어두어' 그리고 '손때' 등의 표현이 '책'이라는 물질성을 환기하게끔 하고 있는데, 마음속에 오래도록 남은 '당신'의 흔적을 한 줄짜리 장편서사처럼 담고 있지 않은가. 그렇게 이중원은 단시조에 인생과 마음을 "모두 연료로 삼아/태워내는"(「사랑 한 개비」) 순간을 부조(浮彫)하면서 "타들어가 재로 남아도/알 수 없는 글자들"(「서울 하늘」)을 새기고 있다. 다음은 어떠한가.

> 새빨간 사과에서 심장을 깎아내도
> 사과는 붉게 뛰는 심장이 될 수 없는데
> 더 이상 멈출 수 없는
> 외길의 조각칼

— 「불면증」 전문

> 빌려온 잠결에 숨어

어제 안에 머무르고

마음의 천정 우에
호롱불 걸어두어

꿈으로 적신 붓을 들어
세상을 색칠한다

—「항우울제 한 알, 1일 1회 복용」 전문

이 두 작품은 병리적 상황으로부터 유추된 마음의 현상학을 담고 있다. 불면증과 우울증은, 때로 심장을 깎아내도 심장이 될 수 없는 "더 이상 멈출 수 없는/외길의 조각칼"로 나타나기도 하고, 때로 마음의 천정 위에 걸린 호롱불처럼 붓으로 세상을 색칠하는 꿈으로 나타나기도 한다. 항우울제 1일 1회 복용이라는 구체적 처방전은 이러한 증후들이 일상적 반복성을 가지고 있음을 암시한다. 시인은 단시조라는 짧은 언어 속에 불면과 우울을 가져다준 서사적 맥락은 거둔 채 그것과 멈추지 않고 싸우는[抗] 내면적 상황을 잘 보여준다. 거기에 "마음 깊이 채울 수 없는 허기"(「문명이라는 수레」)를 보태고 "멈추거나 구르는 것, 그 너머를 갈구"(「동전」)하는 마음을 엮으면 이중원의 일인칭 고백 장르로서의 단시조가 완성된다. 우리는 그의 시조가 아프고 허기지지만 '너머'를 갈구하는 마음으로 흘러가고 있음을 알게 된다. 랭보(A. Rimbaud)가 노래한 "상처 없는 영혼이 어디 있으랴"라는 유명한 전언을 환기하면서, 삶이 근원적으로 고통과 상처를 받아가는 과정임을 새삼 만나게 된다. 그 고통을 만들어낸 모순과 힘겹게 대결하면서 여전히 상처와 불모의 삶을 이어가지만, 이중원이 고백하는 고통과 상처는 한 사람의 영혼 안에 새로운 예술적 가능성을 부여하는 창의적 원천이 되어주기도 할 것이다. 그렇지 않은가.

이처럼 이중원의 단시조 미학은 정형의 요건을 압축적으로 충족하면서 서사적 온축 과정을 아스라하게 담은 형상들을 배열해 간다. 더불어 고유한 감각과 표현을 수반하면서 우리가 회복해야 할 정신적 가치를 담아내고 있기도 하다. 이러한 지향은 궁극적으로 시조를 통해 시인이 치러낸 스스로의 성찰 과정에서 발원하는 것일 터이다. 자연 풍경의 순간적 점화(點火)에 익숙한 단시조 전통에서 이러한 낯설고도 풍요로운 잠재적이고 현재적인 이야기성을 풀어놓은 이중원의 의지와 실천이 새롭고도 먹먹하게 다가온다.

3. 일상에 주목하고 탈일상의 가능성을 꿈꾸는 미학

서정시는 특유의 함축적 언어와 역동적 상상력을 통해 우리로 하여금 일상적 삶에서는 불가능한 존재 전환을 꾀하게끔 독려해 준다. 특별히 시조를 쓰고 읽는 동안 우리는 물리적 현실을 한껏 벗어나 전혀 다른 존재 방식으로 움직여갈 수 있다. 이때 상상적으로 구현되는 존재 방식은 일종의 원심력을 통해 바깥으로 나아갔다가 다시 실존적 상황으로 다시 귀환해오는 과정을 밟아간다. 이를 두고 서정시의 현실 구속력이라는 명명을 내릴 수 있을 것이다. 이러한 원심력과 구심력의 끊임없는 교차 과정은 언제나 시인 자신의 경험에서 궁극적 자기 발견의 순간을 이끌어낸다. 그 중요한 자료가 되어주는 것이 '일상'이라는 정교한 시간의 문법이다. 이중원은 일상에 편재한 익숙함과 불모성을 불러와 우리로 하여금 그 안에서 새로운 탈(脫)일상의 가능성을 꿈꾸게 해준다. 그것은 시인 스스로의 경험을 재생하는 기억을 통해 사물의 질서가 가지는 생멸 양상들을 반영하고 있는데, 그럼으로써 그는 일상의 속성을 증언하는 것이 자신의 시조가 가진 호환할 수 없는 미학적 역할임을 역설해간다.

비워도 비워도

비운다는 말만은

비우고 나서도

남아 있는 밥풀이다

아무리 닦아내도 꼭 붙어

오늘도 살아진다

(…)

아무리 비워도

비울 수 없는 것

모두를 비워도

마지막까지 남는 것

그릇에 눌러붙은 밥알처럼

꼭 잡고 있어야 하는 것

―「일상에 대하여」 중에서

아예 '일상'을 제목으로 삼은 이 작품은 일상 속에 잠긴 반복성과 퇴행성, 그리고 보이지 않는 일상의 잠재적 가능성을 동시에 설파한다. 시인은 아무리 비워도 그저 비운다는 말만 밥풀처럼 남아 있음을 고백한다. 닦아내도 붙어 있고, 밥술을 뜨듯, 시간에 떠밀리듯, 아무리 비워도 "비울 수 없는 것"이 우리의 일상이다. 하지만 그렇게 떼어지지 않는, "모두를 비워도//마지막까지 남는" 일상이야말로 "그릇에 눌러붙은 밥알처럼//꼭 잡고 있어야 하는 것"이 아닌가. '밥풀'처럼 붙어 있지만, '밥술'을 가능하게 하고, '밥알'처럼 잡고 있어야 하는 일상은 그 자체로 우리의 삶이기도 하지 않겠는가. 그러니 "찻잔에 각 져서/떨어지는 일상"(「네모의 둥근 커피」)일지라도 그것은 "누구나 단 한 번만큼은 날아오른 찰나"(「추락, 슬로우 모션」)의 도약 가능성을 품고 "할 일을 부목 삼아/오늘도 살아갈 일"(「망원경을 가늠하기」)을 허락하고 있는 것이다.

감정의 이음매를
잇다 만 단어처럼
너와 나 사이에는
빈 칸이 남아 있어

떨어진 자음과 모음
침묵으로 밟힌다

방울져 흐르는 말
허공에서 마르는데
점점이 흐르는 물
강가에 가 닿으니
끊길 듯 불완전한 채
완전한 사잇소리

—「띄어 쓰는 사이에서」 전문

시인의 일상을 또 한 축에서 거들고 있는 '단어/빈 칸/자음과 모음/말/사잇소리' 등의 글쓰기 자의식이 담긴 작품이다. "너와 나 사이"에 남은 빈 칸은 감정의 이음매를 잇다 만 채 침묵으로만 밟힌다. 그렇게 "방울져 흐르는 말"이 허공에서 말라갈 때 "점점이 흐르는 물"은 어느새 강가에 닿아 "끊길 듯 불완전한 채/완전한 사잇소리"로 거듭난다. 그 과정이 "띄어 쓰는 사이에" 일어나는 것인데, 이때 침묵과 소리 사이, 마름[乾]과 흐름 사이를 빈 칸처럼 놓아두지 않고 이어주는 글쓰기의 본질이 암시된다. 이처럼 시인은 일상의 흐름 속에서 침묵과 소리를 이어주는 글쓰기의 문법을 진득한 경험으로 토로해간다. 비록 일상이 "아마도, 가장 모호한,/문자들의, 모음집"(「일상이란 글자를 완성하기」) 일지는 모르지만 "아직도/새로운 복선을/꿈꾸는"(「역전 효과」) 탈일상의 가능성은 그를 완강히 감싸고 있는 분명한 실체인 것이다.

대체로 서정적 발화는 개별 발화로서 근본적으로 독백적 성격의 것이다. 그래서 시인들은 일차적으로는 서정적 발화를 통해 자신이 살아온 시간을 떠올리고 나아가 그 시간에 커다란 기원(origin)으로서의 의미를 부여하곤 한다. 시간이 남긴 흔적과 무늬야말로 시인 자신의 생이고 서정시의 중요 내질(內質)이 되지 않겠는가. 그래서 서정시는 시인 자신의 기억에 기초한 가장 전형적인 시간예술인 셈이다. 이중원은 자신이 살아왔고 살아가야 할 일상에 대한 반성적 성찰을 통해 보편적 삶의 이치를 노래하는 시인이다. 물론 그의 방법론은 고전적이지만 현대적인 어법과 형식으로 시조를 써 가는 데 있다. 그럼으로써 새로운 미학적 전위(前衛)로서 충분한 역량과 결과를 보여준 것이다. 이러한 원리에 의해 현상한 이중원의 시조 미학은 일상을 주목하면서 그 안에서 새로운 도약을 꿈꾸는 역설의 충동을 들려준 것이다. 그것이 그가 감각하고 사유하는 일상의 불가피한 원리일 터이다.

4. 열두 개의 계단이 들려주는 사랑의 언어

일종의 연작 「열두 개의 계단」은 단연 주목할 만한 작품이다. 상승과 하강의 단계성을 함의하는 '계단' 이미지는 특별히 한 인간의 성장 리듬을 포괄적으로 은유하는 데 적합하다. 대체로 서정 장르에서 '성장'이란 회감(回感)의 언어를 통해 지난 시절을 역상(逆像)으로 되비추는 과정에서 구현된다. 그것은 때로 불가피한 성장통을 담아가게 된다. 물론 거기에는 고통도 담겨 있지만 앞으로 전개될 삶에 대한 긴장과 기대도 포함된다. 이른바 '자기 형성적 주체'로 성장해온 과정을 담아낸 이중원의 이 연작은 그 점에서 회상과 재현, 고백과 다짐의 성격을 모두 망라하는 일종의 자기 확장 경험과 연관되어 있다. 그 안에 담긴 사랑과 이별, 빛과 어둠, 불씨와 재[灰]의 흐름을 따라가 보자.

1. 여우비
눈부신 햇살이 저편에서 태어나
구름을 건너서 이곳으로 다가와
한줄기 추락하다가 옷깃에 스민다

시계바늘 걸어간 거리만큼 멀어져
어딘가의 태양이 내리 앉은 노정에
붐비는 길에 멈춰선 따스한 실루엣처럼

활짝 웃음이 피어난 너를 마주보고
웃음만큼 새하얀 너의 도시를 바라본다
여기는 비가
뚝
뚝,
뚝
후두 둑
떨어지고 있어

2. 밤
새까맣게 타다 남은 바람이 내리는 날
녹다 만 달에 발 담그고 누워보니
매화 끝 작은 불씨가 봄을 불러 모으네

햇살의 노래는 검은 강보에 싸여 잠들고

노란 손 별무리 현을 타고 휘어지니
호숫가 총총거리며 흩어지는 콧노래 소리

"눈부신 햇살"이 '저편'에서 '이곳'으로 이동한다. 햇살 한줄기가 추락하다가 옷깃에 스밀 때 "따스한 실루엣처럼" 웃음 피어난 '너'를 마주보고 "웃음만큼 새하얀 너의 도시"를 바라보는 화자의 마음이 경쾌하게 생동하고 있다. 그렇게 햇살을 품은 '여우비'가 "뚝/뚝,/뚝/후두 둑" 떨어지고 있다. 그 경쾌한 장면과 소리가 화자의 마음을 물질적으로 은유하고 있음은 말할 것도 없으리라. 그다음 작품은 "새까맣게 타다 남은 바람"이 내리고 "매화 끝 작은 불씨가 봄을 불러" 모으는 때를 배경으로 한다. 밤이 이르자 '햇살'의 노래는 잠들고 별무리는 현을 타고 휘어져갈 때, "호숫가 총총거리며 흩어지는 콧노래 소리"가 밤을 적셔간다. 이처럼 화자는 "자신을 위한 축제의 불길 같고 무한한 가능성의 활주로"(「3. 동전의 반대편에서」)를 달리면서 "귓가의 알람 소리가 새벽을"(「4. 시계」) 깨우는 사랑과 마음을 애잔하게 펼쳐낸다.

5. 궤적
어둠이 걸어간 발자취를 따라서
창문턱 커튼을 밀어내는 햇살에
종이를 한 장 꺼내어 세 글자 나란히 쓴다

거울 앞에 분주한 시간을 지나서
아차 시계를 바라보니 이제는 달릴 시간
오늘도 어제와 같이 웃으며 "다녀올게요"

강의실에 내려놓은 서적을 집어들고
친구들과 어울려서 이야기 나누다가
어느새 저무는 길을 돌아온 하루의 끝

사랑을 품은 화자의 마음이 궤적처럼 그려진다. 어둠의 발자취를 따라 햇살이 커튼을 밀어낼 때 화자는 종이 한 장 꺼내 "세 글자 나란히" 쓴다. 그 마음은 존재 충만의 한 극점을 담고 있으리라. 거울 앞 분주한 시간을 지나 강의실에서 책을 집어들고 친구들과 어울리는 일상이 꽉 찬 충일감을 더욱 강화한다. 하지만 "어느새 저무는 길을 돌아온 하루의 끝"을 바라보는 화자의 마음은 "오늘도 그 자리에 있어 슬픈 너의 그림자"(「6. 음영, Side: B」)를 떠올리고 "네 이름을 적어"(「7. 못 부친 편지」)보면서 "둘 사이로 흐르는 침묵의 강"(「8. 겨울 너머에」)을 선명하게 바라보고 있을 뿐이다. "그리워/그릴 수 없는 사이에/해선 안 될 말"(「9. 말의 사이」)을 마음에 품으며 "따스히 닿는 손을 느끼며 말을"(「10. 찰나(刹那)」) 이어가려는 화자의 애틋한 시간이 연작의 리듬을 따라 천천히 흘러가고 있다.

11. 만나다, 종착역에서
햇살이 명멸하는 도시의 끝자락에서
아이들이 뛰노는 소리마저 나지막이
선선히 잦아든 밤에 고달픈 발을 담근다.

가로등 불빛마저 저 멀리 볼 수 없는
부엉이 우는 소리 들리는 수풀 가운데서
누워서 마주 본 별이 쏟아지듯 흐드러진 밤

아무도 찾지 않는 다락방 한가운데
다정히 서 있는 두 사람의 사진처럼
아직도 그 자리에서 은은히 빛난다

12. 이별
서툰 만큼 아름다운 어린 날의 불길은
자신을 태우고 번져가는 불씨들
터지듯 흐드러지는 한 줄기 폭죽이다

빗줄기 가닥이 흐느끼는 날이면
잠자는 꽃잎에 이슬을 드리워
화려한 봄날의 햇살 한 아름 담아갈래

이 마음에 고이 담은 한 마디 짧은 문장
한 톨씩 흩뿌려서 네게 닿게 할 거야
오로지 둘이 간직한 그날의 약속처럼

'종착역'과 '이별'이라는 소제목이 암시하듯, 그 안타까운 갈망은 찬찬한 소멸의 길을 걸어간다. 햇살이 명멸하는 도시 끝자락과 고달픈 발을 담그는 밤이 '종착역'의 이미지를 더욱 강하게 환기하고 있다. 화자는 아무도 찾지 않는 다락방 한가운데서 다정했던 사진처럼 예전에 "누워서 마주 본 별"이 은은히 빛나는 것을 바라본다. 그 빛줄기가 종착역에서의 만남을 유일하게 비추는 기억의 빛일 것이다. 그렇게 "어린 날의 불길은/자신을 태우고 번져가는 불씨들"처럼 사라져간다. 마음에 고이 담은 짧은 문장을 한 톨씩 뿌려 "네게 닿게 할" 마음이야말로 "오로지 둘이 간직한 그날의 약속"이 이별로 이어져간 시간을 아프게 각인하는 마지막 리듬일 것이다. 이 연작을 두고 시인은 "파격 그 자체로서의 형식 실험보다는 시조 장르를 가능하게 하는 형식과 그것의 자유로운 확장성으로 생각이"(「시작노트 - 열두 개의 계단에 더해」) 기울고 있다고 고백하였는데, 아닌 게 아니라 이 작품의 표현 방법은 정형의 굴레를 넘어서 다양한 방식으로 내면의 황홀과 침잠을 드러내는 데 크게 기여하고 있다.

모레티(F. Moretti)에 의하면 성장 개념은 근대의 한 형식이다. 미성숙한 아이가 성인이 되어가는 과정과 근대 세계가 완숙해가는 과정 사이에 유사한 연관성이 있다는 가설 때문이다. 그러나 간혹 우리는 오래오래 성장 자체를 거부하는 반(反)성장의 욕망을 가질 때가 있다. 무언가를 상실한 상황에서 지난날을 심미화하는 방략으로서 반성장의 욕망은 오히려 더 튼 현재적 실감을 가져다준다. 그 점에서 우리는 순수성과 미숙함의 아름다움을 노래하면서 성장에 대항하는, 어쩌면 성장을 선취했을지도 모르는, 시인이 노래하는 사랑의 마음에 가닿게 된다. 시인은 열두 개의 계단이 들려주는 사랑의 언어를 통해 성장과 반성장, 사랑과 이별, 빛과 어둠, 불씨와 재의 잔상(殘像)들을 이처럼 융융하고 아름답게 새기고 있는 것이다.

5. 역광의 시간을 건너가는 희망의 역설

이중원의 시조는 그렇게 사랑과 성장의 리듬에서 병후(病候)와 이별, 상실과 고독의 리듬으로 나아간다. 몸과 마음의 기원

(起源)을 살피면서 동시에 그것이 실존적 난경(難境)과 겹쳐 있는 모습을 고백적으로 들려준다. 이러한 존재론적 해석과 진단을 통해 그는 경험적 구체성을 배열하고 그 과정에서 슬픔의 충동을 보편화한다. 하지만 시인의 의지는 잃어버린 아우라(Aura)를 새로운 반전으로 되부르는 방법론으로 도약해가기도 한다. 이 점, 그가 얼마나 세상을, 인간을, 스스로의 욕망을 균형감으로 바라보고 있는지를 실증하는 사례일 것이다. 아닌 게 아니라 그는 인간 실존의 원형적 경험을 수습하는 동시에 기억 표면에 떠 있는 상(像)을 역동적으로 변화시켜가는 과정을 포괄하면서 자신이 관찰해온 대상들로 하여금 새로운 질서로 이월해가는 상관물이 되게끔 해준다. 섬세한 관찰과 기억으로 현실을 재현하면서도 그 안에 어김없이 담긴 삶의 고단함과 역동성에 주목한다. 이렇게 그의 시조는 언어 생성을 통해 존재 생성에 이르는 신생의 회로를 경과함으로써 삶의 구체성과 보편성을 하나로 관통하는 상상력의 통합 과정을 잘 보여준다. 이 점 역시 궁극적 자기 긍정에 토대를 둔 그의 시적 가능성을 보여주는 음역(音域)일 것이다. 그러니 우리가 읽는 이중원 시조의 잠재성은 고통과 고독 속에서 발견하는 희망의 역설에서 찾아질 것이다.

갓 자란 머리털이 한 올씩 솟아나고
종종걸음 내달리듯 새순이 감아도는데
똑 닮아 초롱한 눈빛의 번져가는 이슬이

어찌 너는 그리 밝을 수 있었을까
움트듯 파릇하게 태어난 작은 램프

우리가 만든 세상은 검은 상자 같아서

차가운 빗살 너머 새어나온 마지막 숨
침묵하며 죽어야 할 어른이란 잔인한 이름
산 듯이 죽은 자에게 봄날 아직 있는가

어찌 너는 그리 푸를 수가 있을까
무거운 신발굽이 매 호흡을 가늠해도
시멘트 바닥을 뚫고 피어나온 작은 손

—「다시금, 이 새싹은」 전문

떠나간 사랑과 어둑한 내면, 잠 못 들고 우울한 시간 속에서도 시인은 '다시금, 이 새싹'을 노래한다. 머리털이 한 올씩 솟아나듯이, 새순이 이슬과 함께 감아 도는 아름다운 봄날이다. 시인은 "어찌 너는 그리 밝을 수 있었을까" 하면서 새싹을 "파릇하게 태어난 작은 램프"에 비유한다. 이 밝고 약동하는 심상은 시조집 전체에서는 예외적이지만 "우리가 만든 세상은 검은 상자" 같다는 판단 이면에 잠복한 희망의 역설을 시인이 버리지 않고 있음을 또렷하게 실증한다. "차가운 빗살 너머 새어나온 마지막 숨"처럼 봄날을 맞은 지금, "어찌 너는 그리 푸를 수가 있을까" 하는 감동과 "시멘트 바닥을 뚫고 피어나온 작은 손"에 대한 경탄이 '시인 이중원'의 영혼 깊은 곳에서 솟아난 것이다. "떨리는 마음에도/이상하게 고요한 손길"(「고양이과(科)」)처럼, "그리운 손짓 하나만 가슴에 박혀 빛난"(「천체관측」) 순간처럼, 그 마음이 우리에게 전해지지 않는가. "이제 막 피어나는 봄을 품속 꼬옥 안는"(「엄마와 새싹」) 포용과 견인의 힘이 "어릴 적 천연한 미소처럼/하얗게,/반짝"(「일상은 때로 달콤하다」) 하는 세계에 대한 믿음으로 현상한 것이다. 이러한 시선가 사유를 통해 "아무리 작은 꽃도/향기로울 자유 있어/각자의 푸른 텃밭을/꿈꾸며 살아가지"(「누구나 뉘일 곳은 있다」) 않겠는가.

새파란 별빛은
차게 식은
언어의 선로

글자들을 태우며
기관차는 달려가고

생각이 화로 한가득
증기로 끓어가지

시간을 앞질러
쏘아지는 불빛 너머

말할 줄 모르는 나는
오늘도 무임승차

밤이슬 궤적을 따라
하늘로 걸어간다

새벽이 하얗게 죽고

박동 없는 기관실

닿을 수 없는 거리에
자신을 던져넣어

심장은 죽어서야 비로소
이름을 가진다

불타는 노을은
휘어지는
사유의 노정

꺾어져도 날아갈
변속기가 필요해

세상이 말소리로 피어난
그곳은 꿈의 종착역

—「꿈꾸는 기호학」 전문

이번 시조집 표제작이기도 한 이 유의미한 시편은 "새파란 별빛"이 "언어의 선로"를 식게 하지만 기관차는 글자들을 태우며 달려가고 있음을 관찰한다. 이 냉온의 교차 과정은 시간을 앞지르고 불빛 너머를 지향하는 "말할 줄 모르는 나"를 따듯하게 감싼다. 그렇게 시인은 심장이 "죽어서야 비로소/이름을" 가지고, 노을은 "휘어지는/사유의 노정"을 담고 있다고 은유하면서, '이름'과 '사유'야말로 자신이 꿈꾸는 기호학의 내질(內質)임을 선언

한다. 그리고 "세상이 말소리로 피어난/그곳"에서 맞는 "꿈의 종착역"은 "한없이 희어져서도/한 음절로 남는"(「희망」) 희망의 연착륙을 예감하게 해준다. "한 평의 작은 사막"(「우산은 쓰지 않을 거예요」) 넘어 "저 멀리 떨어지는 별을/움켜쥐는 고된 손"(「별빛 배달부」)과 함께 "역광의 시간을 건너"(「흑백사진」)가는 힘으로서의 '희망' 말이다.

이처럼 이중원은 시조의 본령인 정형을 충실하게 유지, 확산시키면서 우리 삶의 본질적 형식을 응시하고 그 안에서 삶의 종요로운 비의(秘義)를 발견해가는 시선을 훤칠하게 보여준다. 객관적 사물뿐만 아니라 주체와 대상이 관계를 형성하고 관철해가는 복합성을 드러낸다. 그 점에서 그의 사유가 대상과의 관계 속에서 그 범위를 넓혀가고 그의 시선이 존재자들의 변방을 향하는 것 또한 어쩌면 필연적일 것이다. 이번 시조집에서 우리가 또 하나 중요하게 보아야 할 것은 시간의 생태학이 추상적 담론에 머무르지 않고 매우 구체적인 상황을 향하고 있다는 점인데, 이러한 세계를 담은 이중원의 시조는 스스로의 내면으로 침잠해가면서 다스려지는 예각적 통증을 개성적으로 전해준 사례로도 남을 것이다. 하지만 시인의 시선이 비관적인 차원에 머무르는 것은 아니다. 그의 시조는 희망의 역설이라는 끈을 놓지 않는 확장성을 견지한 세계인 까닭이다.

6. 존재론의 지평을 개진해간 미학적 결실

서정시는 시간 경험에 대한 회상 형식으로 쓰이고 읽힌다. 우리는 서정시와 시간이 호혜적 원질(原質)임을 잘 알고 있다. 이중원 시조의 미학적 근간은 이러한 시간에 대한 회상에서 발원하여 새로운 가능성의 시간으로 이월해간다. 이때 회상이란 삶을 새롭게 이끌어가는 힘으로 작동하며 이러한 지속적인 미학적 충격은 인간의 근원적 존재 형식에 대한 탐구 작업을 가능하게 해준다. 결국 우리는 이중원 시조가 존재론의 지평을 개진해간 미학적 결실임을 목도하면서, 시인이 앞으로도 보편적 삶의 원리에 대한 성찰을 이어가면서 근원적 삶의 힘에 대해 사유하는 쪽으로 나아갈 것임을 예감해본다. 이렇게 이중원의 첫 시조집은 우리 시조시단의 개성적 결실로 기억될 것이다. 아름답고 고통스러운 이야기를 시조의 뼈대로 삼으면서 그 안에 자신만의 따뜻한 마음을 얹어 고유한 세계를 보여준 것이다.

이제 우리는 '시인'이란 스스로 말을 만들어내는 것이 아니라 어떤 존재가 말을 걸어올 때 그것을 다시 지상의 생명들에게 전하여 세계를 밝히는 것이라는 하이데거(M. Heidegger)의 정언을 한껏 충족하는 방향으로 이중원 시조의 파장이 확산해가기를 희망한다. 현실에 맞서면서도 사랑의 시선을 통해 인간 존재에 대한 통찰을 해가는 이중원 시조의 외따로운 열정을 바라볼 것이다. 그것은 기억을 통한 상상적인 것이기도 하지만 시인의 사유가 가닿을 수 있는 가장 근원적인 가치이기도 할 것이다. 그렇게 시인이 노래한, 열두 계단에서 돌아보는 사랑과 희망의 역설이, 단연 우리 시대의 유니크한 시적 현재형으로 다가오고 있다.

이중원
1986년 서울 출생. 2016년 조선일보 신춘문예 시조 부문 등단. 님의 침묵 전국백일장 차상, 한국가사문학 대상 수상. 한양대학교 국어국문학과 박사 졸업. '객' 동인. risenword@hanmail.net

고요아침 운문정신 **088**

꿈꾸는 기호학

초판 1쇄 발행일 · 2025년 11월 25일

지은이 | 이중원
펴낸이 | 노정자
펴낸곳 | 도서출판 고요아침

출판 등록 2002년 8월 1일 제 1-3094호
03678 서울시 서대문구 증가로 29길12-27, 102호
전화 | 302-3194~5
팩스 | 302-3198
E-mail | goyoachim@hanmail.net
홈페이지 | www.goyoachim.com

ISBN 979-11-6724-266-2(04810)

*책 가격은 뒤표지에 표시되어 있습니다.
*지은이와 협의에 의해 인지는 생략합니다.
*잘못된 책은 교환해 드립니다.

*** 이 책은 서울특별시, 서울문화재단 '2023년 첫 책 발간 지원사업'의 지원을 받아 발간되었습니다.**